BEI GRIN MACHT SICH IHR
WISSEN BEZAHLT

- Wir veröffentlichen Ihre Hausarbeit,
  Bachelor- und Masterarbeit

- Ihr eigenes eBook und Buch -
  weltweit in allen wichtigen Shops

- Verdienen Sie an jedem Verkauf

Jetzt bei www.GRIN.com hochladen
und kostenlos publizieren

Bibliografische Information der Deutschen Nationalbibliothek:

Die Deutsche Bibliothek verzeichnet diese Publikation in der Deutschen National-bibliografie; detaillierte bibliografische Daten sind im Internet über http://dnb.d-nb.de/ abrufbar.

Impressum:

Copyright © 2016 GRIN Verlag, Open Publishing GmbH
Druck und Bindung: Books on Demand GmbH, Norderstedt Germany
ISBN: 9783668591110

Dieses Buch bei GRIN:

http://www.grin.com/de/e-book/383814/plattformuebergreifende-entwicklung-in-javascript

Marc Mettke

Plattformübergreifende Entwicklung in JavaScript

GRIN Verlag

GRIN - Your knowledge has value

Der GRIN Verlag publiziert seit 1998 wissenschaftliche Arbeiten von Studenten, Hochschullehrern und anderen Akademikern als eBook und gedrucktes Buch. Die Verlagswebsite www.grin.com ist die ideale Plattform zur Veröffentlichung von Hausarbeiten, Abschlussarbeiten, wissenschaftlichen Aufsätzen, Dissertationen und Fachbüchern.

Besuchen Sie uns im Internet:

http://www.grin.com/

http://www.facebook.com/grincom

http://www.twitter.com/grin_com

Plattformübergreifende Entwicklung in JavaScript

Marc Mettke

2016-07-01

Inhaltsverzeichnis

1 Einleitung

Das Problem der heutigen Entwicklung ist, das es viele Plattformen für die verschiedenen Gerätetypen gibt. Diese benutzten jeweils entweder komplett andere Programmiersprachen oder benötigten entsprechende Anpassungen, damit das Programm wie erwartet funktioniert.

Zu diesem Problem kommt noch dazu, das, im Vergleich zu der damaligen Zeit wo auf fast jedem Gerätetyp die gleichen Plattformen liefen, es heutzutage viele verschiedene Plattformen für einen Gerätetypen gibt und die Nutzer über diese Vielfalt verteilt sind. Um dennoch eine gewisse Bandbreite von Nutzern anzusprechen, muss das Programm entweder für die verschiedenen Plattformen neu geschrieben bzw. angepasst oder eine Methode für das Schreiben von plattformübergreifender Software verwendet werden.

Über die Zeit hinweg wurden Programmiersprachen und Methodiken entwickelt um diesem Problem entgegenzuwirken. Einige davon werden hier kurz vorgestellt:

Java Durch Java ist es Möglich ein Programm zu entwickeln, welches auf mehreren Plattformen eines Desktop Rechners funktioniert, ohne Änderungen an dem Programm durchzuführen. Viele Plattformen sind allerdings nicht mit Java kompatible oder das Programm passen sich grafisch nicht an die Plattformen an auf der es benutzt wird.

Bibliotheken Bibliotheken ermöglichen das Auslagern und Wiederverwenden von logischem Code. Dies sorgt dafür das die verwendete Systematik hinter einem Programm wiederverwendet werden kann und lediglich die Grafische Oberfläche entsprechend angepasst werden muss. Das Problem dabei ist, dass weiterhin ein großer Wartungsaufwand vorhanden ist, da ein Programm für alle Plattformen geschrieben werden muss.

JavaScript JavaScript bietet die Möglichkeit, ein Programm in sogenannten Container sowohl auf Mobilen Systemen , Desktop Systemen und &zu verwenden, ohne das der verwendete Code verändert werden muss. Die Container müssen nur einmal programmiert werden und können dann das entsprechende Programm ausführen.

Die Plattformübergreifende Entwicklung bietet eine verkürzte Entwicklungszeit, eine vergrößerte Nutzerabdeckung und eine vereinfachte Wartung des Programms. Dies wird bewerkstelligt entweder durch das Wiederverwenden von bestehendem Code oder durch die komplette Kompatibilität zwischen den Plattformen . Damit lässt sich viel Zeit und damit Geld sparen, welches dann für andere Verbesserungen zur Verfügung stehen kann.

Ziel der Arbeit

Das Ziel der Arbeit ist herauszufinden, inwiefern JavaScript das oben genannte Problem lösen kann. Relevant ist dafür, welche Plattformen erreicht werden können und welcher Aufwand betrieben werden muss, um ein Programm zu Entwickeln und zu Warten. Des Weiteren geht es um konkrete Vor- und Nachteile der Verwendung, sowie die Leistung welche ein solches Programm mit sich bringt.

Um das Problem anzugehen, wird es zuerst eine Einführung mit Grundlagen und Voraussetzungen geben um den notwendigen Wissensstand sicherzustellen. Darauf folgt eine Darstellung der konkreten Verwendung von JavaScript in der Plattformübergreifenden Entwicklung mit einer abschließenden kritischen Bewertung.

2 Einführung

Bevor auf das eigentliche Thema eingegangen wird, kommen in diesem Kapitel zuerst ein paar Grundlagen und die nötigen Voraussetzungen für die verwendeten Programme.

2.1 Grundlagen

JavaScript JavaScript ist eine Programmiersprache, welche auf dem ECMA-262 [WJS] Standard basiert und von Netscape ursprünglich für die Verwendung innerhalb eines Webbrowsers entwickelt wurde. [MAJS]

Plattformübergreifend Plattformübergreifend bedeutet, dass ein Programm auf mehreren Plattformen verwendet werden kann, ohne dass dieses für die jeweiligen Plattformen angepasst werden muss. Der Vorteil einer solchen Entwicklung ist, dass weniger Wartungsaufwand entsteht und nur eine Sprache und Technologie verwendet werden muss.

2.2 Voraussetzungen

Um JavaScript außerhalb der Web-Umgebung zu benutzten, müssen abhängig von den Plattformen entsprechende Programme verwendet werden. Dieses werden nun kurz vorgestellt, jeweils mit Informationen darüber wie man sie ausführt, veröffentlicht und inwiefern Code wiederverwendet werden kann.

2.2.1 Server

Unter einem Server wird ein System verstanden, welches keine direkte Nutzerinteraktion unterstützen muss. Stattdessen werden Dienste wie z.B. ein Webserver angeboten, auf dem die Nutzerprogramme dann Zugreifen können.

Ausführung Für die Ausführung werden die NodeJS Binaries benötigt, welche für die verschiedensten Plattformen [NJS] vorhanden sind.

Veröffentlichung Die Anwendung kann mit NW.js verpackt [NWJSP] und damit ausgeführt werden ohne das NodeJS installiert sein muss. Auch hier gilt keine Plattformunabhängigkeit [NWJS].

Wiederverwendung   JavaScript welches für einen Server entwickelt wird, kann nur bedingt Plattformübergreifend wiederverwendet werden, da der Client meistens keine Serverdienste aufbauen, sondern diese verwenden will. Sollten allerdings Ausschnitte gleich sein, können diese mit ein paar Anpassungen verwendet werden.

2.2.2 Desktop

Unter einem Desktop werden Systeme von Endanwendern verstanden, welche eine direkte Interaktion mit dem Programm ermöglichen und unter Umständen auch erfordern.

Ausführung   Für die Ausführung werden die NW.js Binaries benötigt, welche für die verschiedensten Plattformen [NWJS] vorhanden sind.

Veröffentlichung   NW.js bietet die Möglichkeit die eigene Anwendung zu verpacken [NWJSP] und damit auszuführen ohne das NW.js selbst installiert sein muss. Auch hier gilt keine Plattformunabhängigkeit [NWJS].

Wiederverwendung   JavaScript welches für den Desktop geschrieben wird, kann ebenfalls auf Mobilen Systemen verwendet werden.

2.2.3 Mobile

Unter einem Mobile versteht man ein System wie z.b. Smartphones oder Tablets, welche andere Betriebssysteme verwenden als ein Desktop.

Ausführung   Die Ausführung von JavaScript auf Mobilen Systemen wird über sogenannte Container realisiert. Diese Container bieten einen Webbrowser, welcher die mitgelieferten Dateien ausführt, sowie eine Schnittstelle für die Verwendung von Hardwarespezifischen Komponenten.

Veröffentlichung   Die Veröffentlichung findet über den normalen Appstore des entsprechenden Betriebssystems statt.

Wiederverwendung   JavaScript welches für Mobilen Systemen entwickelt wird, kann auch unter einem Desktop verwendet werden. Es muss allerdings bedacht werden, das Funktionen aus der Hardwareschnittstelle nicht vorhanden sind.

3 Plattformübergreifende Entwicklung in JavaScript

JavaScript wurde entwickelt um dynamische Veränderungen an HTML-Seiten zu ermöglichen. Dies ist aber längst nicht mehr die einzige Verwendung, da es inzwischen auch auf Mobilen Systemen und Desktop Systemen zu finden ist.

3.1 NodeJS

NodeJS ist ein Framework für die Entwicklung von Serverseitigem JavaScript. Es basiert auf einem modularen Design und kann damit um fehlende Funktionalitäten erweitert werden, welche dann wiederum an die Community weitergegeben werden können.

Verwendung Die Verwendung von NodeJS gleicht dem Schreiben einer JavaScript Datei für den Webbrowser. Der Unterschied ist, das ein solcher nicht für die Ausführung verwendet wird und es eine API gibt für das Ansteuern von Modulen, welche zusätzliche Funktionalitäten hinzufügen können. Folgendes ist das Hello-World Beispielprogramm [NJSE] welches das http-Modul verwendet um einen einfach Webserver aufzubauen

```
const http = require('http');

const hostname = '127.0.0.1';
const port = 3000;

const server = http.createServer((req, res) => {
  res.statusCode = 200;
  res.setHeader('Content-Type', 'text/plain');
  res.end('Hello World\n');
});

server.listen(port, hostname, () => {
  console.log(`Server running at http://${hostname}:${port}/`);
});
```

Um dieses nun ausführen muss NodeJS mit der Datei als Parameter aufgerufen werden:

```
node example.js
```

Performance   Die Performance von NodeJS kann sich dabei, im Vergleich zu nginx und apache in Verbindung mit php, sehen lassen. Andre Charland und Brian Leroux haben eine Studie [MAD] über die Leistungsfähigkeit zwischen den drei Programmen aufgestellt, mit dem Fazit das NodeJS sogar besser ist als nginx, solange dieser als Anwendung nicht nur einen einfachen Fileserver darstellt. Ihre Antwort auf die Frage ob JavaScript serverseitig verwendet werden sollte, ist nicht nur ein klares ja, sondern kommt zusätzlich mit einer deutlichen Empfehlung.

> „The performance evaluation conducted, shows that Apache is the least performing web server in all tested cases. It's rather CPU inefficient and memory demanding, without offering any significant performance gains. Nginx indisputably outperforms Apache in all tests. Furthermore, if Nginx acts as a static file server, it is even more efficient than Node.js, too. On the other hand, Node.js clearly outperforms PHP in computational performance, by being more memory efficient and by utilizing all available processing power. [...] So to conclude, the answer to the frequently asked question of web programmers: "Is end-to-end JavaScript a viable option for building modern web apps?", is yes, and highly advisable." [MAD]
>
> Mobile Application Development: Web vs. Native - Andre Charland, Brian Leroux

Diese Meinung wird dabei nicht nur von den beiden vertreten, sondern die HP Palm webOS Gruppe unterstützt diese ebenfalls [MAD], welche ihren Service Layer von Java auf NodeJS migriert haben. Dies soll nicht nur eine verbesserte Geschwindigkeit, sondern außerdem eine längere Batteriedauer ermöglichen.

> „JavaScript is rapidly getting faster — so fast, in fact, that HP Palm webOS 2.0 rewrote its services layer from Java to the extremely popular node.js platform (http://nodejs.org/), which is built on Google's V8 engine to obtain better performance at a lower CPU cost (and therefore longer battery life)." [MAD]
>
> Mobile Application Development: Web vs. Native - Andre Charland, Brian Leroux

3.2 NW.js

NW.js auch bekannt als node-webkit basiert auf NodeJS und bietet einmal die Option dieses zu Packen und damit die Notwendigkeit einer vorherigen Installation zu entfernen und zusätzlich optional einen Webbrowser für das Erstellen von der Endanwenderanwendung. NW.js kann allerdings auch ohne NodeJS verwendet werden und bietet dann nur die normalen Schnittstellen, welche jeder Browser zur Verfügung stellt.

Verwendung   Das Schreiben einer Anwendung mit NW.js ist sehr einfach, da eine vorhandene Webapp direkt eingebunden werden kann, ohne Änderungen an diese durchzuführen. Das folgende Hello-World Programm [NJSE] zeigt dabei, das lediglich eine Datei namens "package.json" erstellt werden muss, mit der Referenz auf die HTML-Seite und einem Namen für das Projekt.

```
package.json
{
  "name": "helloworld",
  "main": "index.html"
}
```

Um das Programm auszuführen muss NW.js mit dem Ordner, in dem die "package.json" liegt, als Parameter aufgerufen werden. Alternativ besteht die Möglichkeit die "package.json" in den gleichen Ordner zu legen, in dem auch NW.js liegt. NW.js führt dann automatisch das beiliegende Programm aus und eliminiert damit die Notwendigkeit einer Installation.

Beispiele Es gibt verschiedene Programme, welche bereits mit NW.js geschrieben wurden. Folgendes ist ein Ausschnitt der offiziellen Liste [NJSP], welche sehr gut Demonstriert inwiefern JavaScript für die Entwicklung von Rechenintensiven Programmen verwendet werden kann.

- Spiele
    - Game Dev Tycoon
      Eine Business Simulation in der man die Geschichte der Spielentwicklung spielt.
    - Synchrom
      Fokus Spiel
- Music / Video Player
    - PowderPlayer
      Video/Audio Player with Torrent integration
    - Atraci
      Music Streaming
- Messenger
    - Teamwire
      Enterprise Messaging App
    - Messenger for Desktop
      iOS Messagener

3.3 Phonegap

Browser sind inzwischen sehr leistungsfähig und haben Zugriff nicht nur auf das Dateisystem, sondern auch auf die Position und Bewegungssensoren. Allerdings gibt es dennoch

Bereiche wie z.B. die Batterie, Bluetooth und WLAN welche innerhalb einer Webapp nicht erreicht werden können. Solange wie die entsprechenden Funktionalitäten nicht vorhanden sind, ist Phonegap eine gute Möglichkeit um eine Brücke zwischen Web und Hardware zu schaffen. [JSU]

> „In the meantime, software makers must balance the Web-vs.-native debate based on an application's primary objectives, development and business realities, and the opportunities the Web will provide in the not-so-distant future. The good news is that until all of this technology makes it into the browser, hacks such as PhoneGap can help bridge the divide." [JSU]
>
> Is Node.js a viable option for building modern web applications? A performance evaluation study - Ioannis K. Chaniotis, Kyriakos-Ioannis D. Kyriakou, Nikolaos D. Tselikas

Verwendung Die Verwendung von Phonegap ist leider nicht so einfach wie von NW.js , da APIs verwendet werden müssen, welche nur in einem Phonegap Container vorhanden sind. Der Vorteil von JavaScript ist da, das überprüft werden kann ob eine Variable im Kontext vorhanden ist oder nicht. Je nachdem können dann entsprechende Funktionalitäten verwendet oder übersprungen werden. Um ein Programm [PGC] zu erstellen, kann Phonegap mit entsprechenden Parametern aufgerufen werden.

```
phonegap create myApp --id "org.myapp.sample" --name "appSample"
phonegap plattform add Android
phonegap build Android
```

Alternativ gibt es eine Grafische Oberfläche, welche ebenfalls benutzt werden kann. In dem Ordner namens „www" werden die Dateien von der Anwendung angelegt und sind damit nach kurzen Anpassungen an die Phonegap API bereits verwendbar. Die „config.xml" definiert z.B. die Berechtigungen für die einzelnen Systeme und der „Plattform" Ordner beinhaltet die gebauten Apps für jede Plattform.

Beispiele Für Phonegap gibt es ebenfalls interessante Beispiel von der offiziellen Website [PGP], welche zeigen was bereits mit JavaScript und HTML erreicht werden kann:

- BrowserQuest
  Ein Onlinespiel in einer Fantasywelt

- LoLogitech Squeezebox^{TM} Controller
  Musikplayer für die Logitech Squeezebox^{TM}

4 Zusammenfassung und Ausblick

4.1 Zusammenfassung

JavaScript ist auf Desktop Systemen nicht nur verwendbar um plattformübergreifenden Code zu schreiben, sondern auch gut geeignet und leistungsfähig. Auf Mobilen Systemen dagegen sind die Browser allerdings noch nicht ausgereift genug um eine zufriedenstellende Leistung zu erreichen. Dies sollte jedoch nicht davon abhalten bereits kleinere Anwendungen in JavaScript umzusetzen, da der Kostenvorteil im Vergleich zur Umsetzung für mehrere Systeme wesentlich geringer ist. Außerdem können Erfahrungen gesammelt werden, welche eingesetzt werden können sobald die Mobilen Systeme nachziehen.

4.2 Kritische Reflexion

JavaScript für die plattformübergreifende Entwicklung ist ein sehr interessantes Thema, welches noch in den Kinderschuhen ist. Entsprechend gibt es noch nicht allzu viele wissenschaftliche Informationen dazu. Allerdings hat es viel Potenzial und in einigen Jahren könnten auch leistungsfähige Anwendungen über mehrere Plattformen hinweg migriert werden, ohne das der Quellcode selbst angepasst werden muss.

4.3 Ausblick

Immer mehr Dienste steigen auf den Webbereich um, was man z.B. an dem Chromebook und ähnlichen Geräten, welche einen Browser als Betriebssystem nutzen, sieht. Das muss dabei nicht zwangsweise heißen das alles nur noch funktioniert wenn man mit dem Internet verbunden ist, allerdings wird eine größere Abhängigkeit entstehen. Diese Abhängigkeit ist allerdings genau betrachtet schon längst vorhanden, da viele Dienste wie z.B. Soziale Netzwerke, Online Code-Versionierung, Online-Editor, Shopping, News, Entertainment und viele mehr nur Verfügbar sind wenn eine Internetverbindung besteht.

Literaturverzeichnis

[CFF]   Icons erstellt von Alecive auf `www.1001freedownloads.com`
                  licensed by CC BY-SA 4.0 [Zugriff 2016-04-19]
                  `https://creativecommons.org/licenses/by-sa/4.0/`
                  `http://www.1001freedownloads.com/free-icon/apps-file-javascript-icon`

[MAD]   Mobile Application Development: Web vs. Native - Andre Charland, Brian
                  Leroux
                  [Zugriff 2016-06-15]
                  `http://dl.acm.org/citation.cfm?id=1941504`

[JSE]   NW.js Essentials - Alessandro Benoit
                  [Zugriff 2016-06-15]
                  `https://books.google.de/books?hl=en&lr=&id=wz6qCQAAQBAJ&oi=fnd&pg=PP1&dq=javascript+nw.js+&ots=sPRU9uPOXW&sig=L6PYFFi1s7s2qITuM56f07HTkas#v=onepage&q=javascript%20nw.js&f=false`

[JSU]   Javascript Unlocked - Dmitry Sheiko
                  [Zugriff 2016-06-15]
                  `http://chinayzj.com/Javascript%20Unlocked.pdf`

[JSU]   Is Node.js a viable option for building modern web applications? A perfor-
                  mance evaluation study - Ioannis K. Chaniotis, Kyriakos-Ioannis D. Kyriakou,
                  Nikolaos D. Tselikas
                  [Zugriff 2016-06-15]
                  `http://link.springer.com/article/10.1007/s00607-014-0394-9`

[WJS]   JavaScript Artikel von Wikipedia
                  [Zugriff 2016-05-23]
                  `https://en.wikipedia.org/wiki/JavaScript`

[MAJS]   "'About JavaScript'" von dem Mozilla Developer Network
                  [Zugriff 2016-05-23]
                  `https://developer.mozilla.org/en-US/docs/Web/JavaScript/About_JavaScript`

[NJS]   Node.JS Downloads
                  [Zugriff 2016-05-23]
                  `https://nodejs.org/en/download/`

[NWJS] NW.js Downloads
[Zugriff 2016-05-23]
http://nwjs.io/downloads/

[NWJSP] NW.js Packaging
[Zugriff 2016-05-23]
http://docs.nwjs.io/en/latest/For%20Users/Package%20and%20Distrib
ute/

[NJSE] Node.JS Beispiele
[Zugriff 2016-05-23]
https://nodejs.org/api/synopsis.html

[NJSE] NW.js Code Beispiele
[Zugriff 2016-05-23]
http://docs.nwjs.io/en/latest/For%20Users/Getting%20Started/

[NJSP] NW.js Programm Beispiele
[Zugriff 2016-05-23]
https://github.com/nwjs/nw.js/wiki/List-of-apps-and-companies-us
ing-nw.js

[PGP]   Phonegap Programm Beispiele
[Zugriff 2016-05-23]
http://phonegap.com/app/

[PGC]   Phonegap Code Beispiel
[Zugriff 2016-05-23]
http://docs.phonegap.com/getting-started/3-create-your-app/cli/

.